• फ़रीद अहमद

Book
Ghalib: Qisse Lateefe Tanz
Author
Fareed Ahmad
Language
Hindi
Page
64
Publisher
Notion Press Media Pvt. Ltd,
#7, Red Cross Road,
Egmore, Chennai, Tamil Nadu 600008 India.

मिर्ज़ा ग़ालिब के दुःख–सुख की साथी

उमराव बेग़म

के नाम............

ग़ालिब एक नज़र में

ग़ालिब की ज़िन्दगी और हालात के बारे में लिखा जाए तो सैकड़ों पन्नों पर भी ग़ालिब की ज़िन्दगी और ग़ालिब के हालात को मुकम्मल तौर पर नहीं लिखा जा सकता। क्यूंकि ग़ालिब न तो सिर्फ़ एक शायर हैं, न ही लेखक और न ही इतिहासकार, बल्कि ग़ालिब अपने आप में एक पूरा अध्याय हैं। एक ऐसा अध्याय जिसमें भारत की राजनीतिक, आर्थिक, सामाजिक, धार्मिक व सांस्कृतिक बदलाव को देखा व समझा जा सकता है।

ग़ालिब ने मुग़ल सल्तनत के आखरी बादशाह बहादुर शाह ज़फ़र के दरबार की रौनकें देखीं तथा उन रौनकों को बुझते हुए भी देखा। 1857 ई० का प्रथम भारतीय स्वतंत्रता संग्राम की चिंगारी को शोला बनते हुए देखा तथा उसी शोले को फिर राख होते हुए भी देखा। यारों की यारी देखीं, गद्दारों की गद्दारी देखीं। हरी-भरी, ख़ुशहाल दिल्ली की बर्बादी और

बदहाली के मंज़र देखे। अंग्रेजी हुकूमत के ज़ुल्म-ओ-सितम तक के दौर को देखा और जिया।

ग़ालिब का ख़ानदान तुर्कों के एक कबीले 'ऐबक' से सम्बंधित था। ग़ालिब के दादा कौक़ान बैग खां, शाह आलम के दौर में समरकंद से दिल्ली आए और शाह आलम के यहाँ शाही नौकरी करने लगे। कौक़ान बैग खां की कुल सात संतानें थीं जिसमें चार बेटे व तीन बेटियां। ग़ालिब अपनी दादी के देहांत पर अपने ग़म का इज़हार करते हुए नबी बख्श 'हकीर' के नाम लिखे एक ख़त में अपने खानदान के लोगों का ज़िक्र करते हुए लिखते हैं-

> *"आपको मालूम रहे कि परसों मेरे, जैसे नौ आदमी मरे। तीन फूफियाँ, तीन चाचा, एक बाप और एक दादी और एक दादा। दादी के होने से मैं जानता था कि ये नौ आदमी जिंदा हैं और इसके मरने से मैंने जाना कि ये नौ आदमी आज एक बार मर गए।"* (यादगार-ए-ग़ालिब, पृष्ठ 167)

ग़ालिब के दादा कौक़ान बैग के चार बेटों में से सिर्फ दो ही का ख़ास ज़िक्र मिलता है जिसमें एक नसीरुल्लाह बैग खां जो ग़ालिब के चाचा थे जिन्हीने ग़ालिब के पिता के देहांत के बाद ग़ालिब की परवरिश की और दूसरे ग़ालिब के पिता अब्दुल्लाह बैग खां।

ग़ालिब के पिता अब्दुल्लाह बैग खां का जन्म दिल्ली मे हुआ था। लखनऊ के नवाब आसिफ़उद्दोला के यहाँ शाही नौकरी की हैदराबाद के निजाम जहाँ निज़ाम अली खां के यहाँ शाही सेना में अफ़सर रहे। हैदराबाद के बाद आगरा पहुँचे और फिर यहीं रहे। आगरे का मशहूर ख़ानदान ख्वाज़ा ग़ुलाम हुसैन खां की बेटी इज्ज़तुन्निसा से आपकी शादी हुई। 1802 ई० में अलवर के राजा बख्तावर सिंह की तरफ से अपनी सैन्य टुकड़ी के साथ राजगढ़ में विद्रोहियों से मुक़ाबला करते हुए गोली लगने से मौत हो गई और अब्दुल्लाह बैग खां को अलवर के राजगढ़ में ही दफ़न कर दिया गया। ग़ालिब इस बात का ज़िक्र करते हुए लिखते हैं –

> *"मेरा बाप ....महाराजा बख्तावर सिंह की वफ़ादारी में मारा गया। सरकार से मेरे बाप की तनख्वाह मेरे नाम पर जारी हुई और एक गाँव 'ताटरा' जिसका नाम है मुझ को मिला।"*

(हयात-ए- ग़ालिब, शैख़ मुहम्मद इकरामुद्दीन, पृष्ठ 12)

अब्दुल्लाह बैग खां की तीन औलादें हुईं एक बेटी छोटी ख़ानम और दो बेटे मिर्ज़ा ग़ालिब और मिर्ज़ा आसिफ़।

मिर्ज़ा ग़ालिब का पूरा नाम असद उल्लाह खां उर्फ़ मिर्ज़ा नौशा था। 27 दिसम्बर 1797 ई० को आगरा में जन्म

हुआ। जब ग़ालिब के पिता का देहांत हुआ तो ग़ालिब सिर्फ़ पाँच साल के थे। पिता के बाद ग़ालिब की परवरिश चाचा नसीरुल्लाह बैग खां ने की। नसीरुल्लाह बैग खां मराठों की तरफ से आगरे के सूबेदार थे। ग़ालिब अभी नौ साल ही के थे कि एक लड़ाई में हाथी से गिर कर चाचा नसीरुल्लाह बैग खां की भी मौत हो गई। अब ग़ालिब की परवरिश ननिहाल में हुई।

ग़ालिब का बचपन बहुत ही बे-फिकरी में गुजरा। घर में किसी भी तरह की कोई परेशानी न थी। ज़रूरत और आराम का सारा सामन घर में था। अमीरजादों से दोस्ताना रहा। शतरंज, चौसर, पतंग उड़ाने और दोस्तों के साथ घूमने फिरने में वक़्त गुजारा। यहीं से ही शराब की लत लगी और ऐसी लगी कि फ़िर आख़िरी दम तक न छूटी।

07 अगस्त 1810 ई० को सिर्फ तेरह साल की उम्र में ग़ालिब की शादी नवाब इलाही बख्श खां की छोटी बेटी उमराव बेग़म से हुई। ग़ालिब अपनी शादी का ज़िक्र बहुत ही दिलचस्प अंदाज़ में बयान करते हुए, अलाउद्दीन अहमद खां को लिखे एक ख़त में लिखते हैं-

> *"07 रजब 1225 हिजरी (07 अगस्त 1810 ई०) को मेरे वास्ते आजीवन क़ैद का हुक्म हुआ। एक बेड़ी (बीवी) मेरे पाँव में डाल दी और दिल्ली शहर को क़ैदखाना बना कर मुझे इस क़ैदखाने में डाल दिया। "* (उर्दू-ए-मुअल्ला पृष्ठ 295)

ग़ालिब की बीवी उमराव बेग़म ईमानदार, नमाज़ी और नैक औरत थीं। ग़ालिब से बहुत मुहब्बत करती थी और पूरी उम्र ग़ालिब के साथ ख़ुशी-ख़ुशी रहीं। ग़ालिब के हर दुःख-सुख में ग़ालिब का साथ देती रहीं। लेकिन ग़ालिब की शराब पीने की आदत से खुश न थीं।

शादी के कुछ वक़्त के बाद ग़ालिब हमेशा के लिए आगरा छोड़ दिल्ली में ही रहने लगे। दिल्ली में आपकी आर्थिक स्थिति ठीक नहीं रही। कभी अपना घर न ले सके। हमेशा किराए के मकान में ज़िन्दगी गुजारी। ख्वाज़ा अल्ताफ़ हुसैन 'हाली' लिखते हैं-

> *"ग़ालिब ने दिल्ली में अपने लिए कोई मकान न खरीदा। हमेशा किराए के मकान में रहे। कुछ वक़्त तक मियाँ काले खां के मकान में बगैर किराए के रहे। जब मकान से जी उकताया उसे छोड़ कर दूसरा मकान ले लिया....."*

ग़ालिब को औलाद की ख़ुशी न मिल सकी। सात बच्चे हुए लेकिन अफ़सोस एक भी बच्चा पंद्रह महीने से जियादा ज़िंदा न रह सका। ग़ालिब औलाद की फ़िक्र में परेशान रहते इस लिए ग़ालिब ने अपनी बीवी उमराव बेग़म के भांजे जैनुल आबदीन को गोद ले लिया था। ग़ालिब की परवरिश ने जैनुल

आबदीन को एक खुशमिज़ाज़ शायर बनाया। जैनुल आबदीन शायरी में अपना उपनाम 'आरिफ़' रखते थे। लेकिन 1852 ई० को भरी जवानी में ही जैनुल आबदीन 'आरिफ़' की भी मौत हो गई। जिसका सदमा ग़ालिब पर पूरी उम्र तक रहा। जैनुल आबदीन 'आरिफ़' की मौत पर ग़ालिब ने यह मर्सिया[1] कहा-

लाज़िम था कि देखो मिरा रस्ता कोई दिन और
तन्हा गए क्यूँ अब रहो तन्हा कोई दिन और

मिट जाएगा सर गर तिरा पत्थर न घिसेगा
हूँ दर पे तिरे नासिया-फ़रसा कोई दिन और

आए हो कल और आज ही कहते हो कि जाऊँ
माना कि हमेशा नहीं अच्छा कोई दिन और

जाते हुए कहते हो क़यामत को मिलेंगे
क्या ख़ूब क़यामत का है गोया कोई दिन और

हाँ ऐ फ़लक-ए-पीर जवाँ था अभी आरिफ़
क्या तेरा बिगड़ता जो न मरता कोई दिन और

---

[1] किसी की मौत पर लिखी गई नज़्म।

तुम माह-ए-शब-ए-चार-दहुम थे मिरे घर के
फिर क्यूँ न रहा घर का वो नक़्शा कोई दिन और

तुम कौन से थे ऐसे खरे दाद-ओ-सितद के
करता मलक-उल-मौत तक़ाज़ा कोई दिन और

मुझ से तुम्हें नफ़रत सही नय्यर से लड़ाई
बच्चों का भी देखा न तमाशा कोई दिन और

गुज़री न ब-हर-हाल ये मुद्दत ख़ुश ओ ना-ख़ुश
करना था जवाँ-मर्ग गुज़ारा कोई दिन और

नादाँ हो जो कहते हो कि क्यूँ जीते हैं 'ग़ालिब'
क़िस्मत में है मरने की तमन्ना कोई दिन और

दिल्ली से बाहर ग़ालिब ने बहुत से सफ़र किए जिसमें रामपुर, फ़िरोज़पुर झिरका, मेरठ शहर का सफ़र किया। लेकिन जो सफ़र सबसे जियादा चर्चित और लम्बा रहा वो कलकत्ता का सफ़र था। कलकत्ता सफ़र का मकसद पेंशन की बहाली था। ग़ालिब और उनके खानदान को फ़िरोज़पुर झिरका से दस हज़ार रूपये सालाना पेंशन मिलती थी। लेकिन

नवाब अहमद बख्श खां सिर्फ तीन हज़ार रुपये देते थे। जिसमें से ग़ालिब के हिस्से में सिर्फ साढ़े सात सौ रूपये सालाना आते थे। नवाब अहमद बख्श की मृत्यु के बाद उनके बेटे नवाब शमसुद्दीन अहमद खां ने ग़ालिब की पेंशन पूरी तरह बंद कर दी। ग़ालिब अपनी पेंशन की बहाली के लिए ईष्ट इण्डिया कंपनी के गवर्नर जनरल के यहाँ मुक़दमा पेश करने के लिए कलकत्ता का सफ़र किया।

कलकत्ता के सफ़र को पूरा करने में ग़ालिब को तीन साल का वक़्त लगा। जिसमें ग़ालिब ने लखनऊ, इलाहबाद, बनारस, पटना जैसे शहरों में ठहरते और मुशायरे करते हुए कलकत्ता पहुँचे। गवर्नर जनरल से मुलाक़ात की लेकिन पेंशन बहाल न हो सकी और मायूस होकर वापस दिल्ली लौट आए।

पेंशन बहाल न होने व रोज़गार की कमी के चलते ग़ालिब को क़र्ज़ के बोझ ने दबा दिया। एक वक़्त ऐसा भी आया कि लाला मथुरा दास महाजन ने अपने क़र्ज़ की वासूली के लिए अदालत से ग़ालिब के ख़िलाफ़ डिग्री जारी करवा दी। ग़ालिब को गिरफ्तार मुफ़्ती सदरुद्दीन की अदालत में पेश किया गया।

ग़ालिब अदालत में अपनी सफाई देते हुए यह शेर कहते हैं-

क़र्ज़ की पीते थे मय लेकिन समझते थे कि हाँ
रंग लावेगी हमारी फ़ाक़ा - मस्ती एक दिन

यह शेर सुनते ही मुफ़्ती सदरुद्दीन ने ग़ालिब को दाद दी लेकिन कानूनी कार्यवाही में कोई कमी न की और अपनी ज़ेब से क़र्ज़ अदा कर दिया।

शराब के साथ साथ ग़ालिब को जुआ खेलने की भी आदत थी। दो बार जुआ खेलने के जुर्म में ग़ालिब को गिरफ़्तार किया गया। एक बार तो ग़ालिब आसानी से छूट गए लेकिन एक नये कोतवाल ने ग़ालिब के घर पर छापा मारा और ग़ालिब को जुआ खेलते हुए रंगों हाथों गिरफ़्तार कर लिया। 6 महीने की क़ैद और दो सौ रूपये जुर्माना की सज़ा सुनाई गई। जुर्माना जमा कर दिया गया। लेकिन क़ैद में कोई छूट न मिल सकी और ग़ालिब को जेल में डाल दिया गया। बादशाह बहादुर शाह ज़फ़र, मुस्तफ़ा खां 'शेफ़्ता', मोमिन खां 'मोमिन' और दोस्तों ने ग़ालिब की रिहाई की कोशिशें की लेकिन कोई राहत न मिल सकी। 3 माह ग़ालिब को क़ैद में काटने पड़े। फ़िर मजिस्ट्रेट ने बाक़ी 3 माह की सज़ा माफ़ कर दी। और ग़ालिब रिहा कर दिए गए।

1850 ई० में बादशाह बहादुर शाह ज़फ़र ने ग़ालिब को मुग़ल सल्तनत के शाही इतिहासकार के रूप में नियुक्त

करते हुए 'दबीर-उल- मुल्क', 'नज़्म-उद-दौला' और 'निज़ाम-ए-जंग' की उपाधियाँ दी। और ग़ालिब को तैमूरी खानदान का इतिहास लिखने का काम सौपा गया।

1854 ई० में बादशाह बहादुर शाह ज़फ़र ने अपने उस्ताद शैख़ इब्राहीम 'ज़ौक' के देहांत के बाद ग़ालिब को अपना उस्ताद बनाया। यह मौक़ा ग़ालिब के लिए बहुत ख़ुशगवार था। लेकिन यह ख़ुशगवारी जियादा वक़्त की न रही। 1857 ई० की क्रांति ने दिल्ली को तबाह और बर्बाद कर दिया था। बादशाह बहादुर शाह ज़फ़र को अंग्रेजी हुकूमत ने बागवत के आरोप में गिरफ्तार कर रंगून भेज दिया और दिल्ली किले पर कब्जा कर लिया। ग़ालिब अपने ही घर में क़ैद हो गए। और बहुत मुश्किलों में वक़्त गुज़ारा। ग़ालिब अपने एक ख़त में अपनी बिमारी का हाल लिखते हैं-

> *"छटा महीना है कि सीधे हाथ में एक फुंसी ने फोड़े की सूरत पैदा की। फोड़ा पक कर फूटा और फूट कर एक ज़खम और ज़खम का एक ग़ार बन गया......। "*

जब दिल्ली के हालात कुछ सही हुए तो ग़ालिब घर की क़ैद से बाहर निकले और ग़ालिब के सामने अब सबसे बड़ा सवाल रोज़गार और पैसों का था। 1857 ई० की क्रान्ति के बाद

दरबार ख़त्म हो चुका था। ग़ालिब अब न तो शाही इतिहासकार थे और न ही किसी बादशाह के उस्ताद। पेंशन और वज़ीफ़ा ही आखरी सहारा था। तो ग़ालिब अपनी पेंशन और वाज़ीफ़े के लिए फ़िर से तैयार हुए और रानी विक्टोरिया की शान में क़सीदा लिखा, कुछ जवाब न आया। चीफ़ सेकेट्री से मुलाक़ात की लेकिन चीफ़ सेकेट्री ने ग़ालिब को बागियों का दोस्त कह कर नकार दिया। महाराजा पटियाला नरेंद्र सिंह की तारीफ़ में एक क़सीदा लिखा, महाराजा अलवर की शान में क़सीदा लिखा लेकिन कुछ हासिल न हो सका। फ़िर रामपुर के नवाब युसुफ अली खां की तरफ से ग़ालिब को 100 रूपये महीना वजीफ़ा तय पाया गया। रामपुर से वापसी के वक़्त ग़ालिब मुरादाबाद रुके जहाँ ग़ालिब की मुलाक़ात सर सय्यद अहमद खां हुई। सर सय्यद अहमद खां ने ग़ालिब की पेंशन के लिए कोशिशें की और इसी बीच ग़ालिब की रुकी हुई पेंशन भी बहाल हो गई। लेकिन पेंशन और वज़ीफ़े की रक़म इतनी भी न थी कि ग़ालिब की ज़िन्दगी आराम से चलती रहे।

आखिरकार ज़िन्दगी की दिक्कतों, परेशानियों से लड़ते-झूझते 15 फ़रवरी 1869 ई० को भारतीय उपमहाद्वीप के महान शायर व लेखक ने इस दुनिया को अलविदा कह दिया।

हुई मुद्दत कि 'ग़ालिब' मर गया पर याद आता है
वो हर इक बात पर कहना कि यूँ होता तो क्या होता

ग़ालिब फ़ारसी और उर्दू जबान में अपनी ऐसी विरासत छोड़ गए हैं जो क़यामत तक न ख़त्म होने वाली है और न ही मिटने वाली है।

ग़ालिब की विरासत में-

- **दीवान–ए-ग़ालिब** : ग़ालिब की उर्दू शायरी का संग्रह, जो कि पहली बार 1841 ई० में प्रकाशित हुआ।
- **कुल्लियात-ए-फ़ारसी** : ग़ालिब की फ़ारसी रचनाओं का संग्रह, जो कि 1835 ई० में प्रकाशित हुआ।
- **ऊद-ए-हिंदी** : ग़ालिब के पत्रों का पहला संग्रह, जो कि 1868 ई० में प्रकाशित हुआ।
- **उर्दू-ए-मुअल्ला** : ग़ालिब के पत्रों का दूसरा संग्रह, जोकि 1869 ई० में प्रकाशित हुआ।
- **क़ाते-ए-बुर्हान** : मुहम्मद हुसैन तबरेज़ी के फ़ारसी शब्दकोश में सुधार कर ग़ालिब ने फ़िर इस शब्दकोश का नाम क़ाते-ए-बुर्हान रखा।
- **मेहर-ए-नीम-रोज़** : ग़ालिब ने सुलतान तैमूर से लेकर हुमायूं तक मुग़ल सल्तनत का इतिहास लिखा।
- **माह-ए-नीम-माह** : इस किताब में ग़ालिब ने बादशाह अकबर से लेकर आखरी मुग़ल बादशाह बहादुर शाह ज़फ़र तक के हालात को लिखना चाहा। लेकिन यह किताब पूरी न हो सकी।
- **पंच आहंग** : ग़ालिब के फ़ारसी जबान में लिखे गए निबंध।

- **कादरनाम** : ग़ालिब की बीवी के भांजे 'आरिफ़' के बच्चों के लिए ग़ालिब ने 8 पृष्ठों की एक संक्षिप्त किताब लिखी।
- **निकात-ए-ग़ालिब** : फ़ारसी व्याकरण की किताब।
- **क़सीदे** : ग़ालिब ने चार क़सीदे कहे। दो बादशाह बहादुर शाह ज़फ़र की शान में और दो हज़रत अली (अ०) की शान में।
- **मसनवी** : ग़ालिब ने कई मसनवियाँ लिखीं । मसनवी 'बाद-ए-मुखालिफ़' में ग़ालिब ने अपनी गरीबी का ज़िक्र किया है।
- **रुकआत-ए-ग़ालिब** : फ़ारसी जबान के पत्रों का संग्रह।

क़िस्से लतीफ़े तंज़

ग़ालिब ने 11 साल के उम्र में पहला शेर कहा और फ़िर अपनी 71 साला जिंदगी में बराबर लिखते रहे। ख्वाज़ा अल्ताफ़ हुसैन 'हाली' कहते हैं-

"मिर्जा ग़ालिब की गुफ़्तुगू में उनके लेखन व शायरी से कुछ कम लुत्फ़ नहीं था और इसीलिए लोग उनसे मिलने और सुनने के लिए उत्सुक रहते थे। वह ज्यादा बोलने वाले न थे, लेकिन जो कुछ भी उनकी जबान से निकलता लुत्फ़ से खाली न होता था।.... हाज़िर जवाबी और बात में से बात पैदा करना ग़ालिब की विशेषता थी।"

ग़ालिब की गुफ़्तुगू का यही पुर-लुत्फ़ अंदाज़ बात में से बात पैदा करता है और इस क़द्र पैदा करता है कि कभी क़िस्से तो कभी लतीफ़े और कभी तंज़..........

आधा मुसलमान !

ग़दर[1] के हंगामे के बाद जब पकड़-धकड़ शुरू हुई तो मिर्ज़ा ग़ालिब को भी बुलाया गया। आप कर्नल ब्राउन के सामने पेश हुए तो वही टोपी जो आप पहना करते थे, हमेशा की तरह आपके सर पर थी। जिसकी वजह से कुछ अ'जीब-ओ-ग़रीब हुलिया मालूम होता था। यह देखकर कर्नल ब्राउन ने कहा-

"वेल..... मिर्ज़ा साहिब तुम मुसलमान है ?"

"आधा मुसलमान हूँ।"

कर्नल ब्राउन ने हैरानी से कहा-

"आधा मुसलमान क्या___? इसका मतलब___ ?"

मिर्ज़ा ग़ालिब फ़ौरन बोले-

"शराब पीता हूँ, सुअर नहीं खाता।"

ये सुनकर कर्नल ब्राउन बहुत ख़ुश हुआ और मिर्ज़ा ग़ालिब को सम्मान के साथ रुख़्सत कर दिया।

---

[1] 1857 ई० का प्रथम भारतीय स्वतंत्रता संग्राम

मैं बाग़ी कैसे ?

हंगामा-ए-ग़दर[1] के बाद जब मिर्ज़ा ग़ालिब की पेंशन बंद थी। एक दिन मोती लाल, मीर मुंशी लेफ्टिनेंट गवर्नर बहादुर पंजाब, मिर्ज़ा ग़ालिब के घर पर आए। बात-चीत के दौरान में पेंशन का भी ज़िक्र आया।

मिर्ज़ा ग़ालिब ने कहा-

"पूरी उम्र अगर एक दिन शराब न पी हो तो काफ़िर[2] और अगर एक बार नमाज़ पढ़ी हो तो गुनहगार, फिर मैं नहीं जानता कि सरकार ने किस तरह मुझे बाग़ी मुसलमानों में शामिल किया।"

---

[1] 1857 ई० का प्रथम भारतीय स्वतंत्रता संग्राम

[2] इस्लाम को न मानने वाला

आम : जो गधे भी नहीं खाते

एक दिन मिर्ज़ा के दोस्त हकीम रज़ीउद्दीन खां साहब जिनको आम पसंद नहीं थे, मिर्ज़ा ग़ालिब के घर पर आए। दोनों दोस्त आँगन में बैठ कर बातें करने लगे। अचानक से एक कुम्हार अपने गधे लिए सामने से गुज़रा। ज़मीन पर आम के छिलके पड़े थे। गधे ने उनको सूँघा और छोड़कर आगे बढ़ गया। हकीम साहब ने झट से मिर्ज़ा ग़ालिब से कहा-

"देखिए ! आम ऐसी चीज़ है जिसे गधा भी नहीं खाता।"

मिर्ज़ा ग़ालिब फ़ौरन बोले-

"बेशक गधा नहीं खाता।"

बोतल की दुआ

एक शाम मिर्ज़ा ग़ालिब को शराब न मिली तो नमाज़ पढ़ने चले गये। इतने में उनका एक शागिर्द आया और उसे पता चला कि मिर्ज़ा ग़ालिब को आज शराब नहीं मिली, इसलिए उसने शराब का इंतिज़ाम किया और मस्जिद के सामने पहुंचा। वहाँ से मिर्ज़ा ग़ालिब को बोतल दिखाई। बोतल देखते ही मिर्ज़ा ग़ालिब वुज़ू[1] करने के बाद मस्जिद से निकलने लगे, तो किसी ने कहा-

"ये क्या कि....! बिना नमाज़ पढ़े चल दिए ?"

मिर्ज़ा ग़ालिब बोले-

"जिस चीज़ के लिए दुआ माँगना थी, वो तो यूँही मिल गई।"

---

[1] नमाज़ के लिए नियमपूर्वक हाथ-पाँव और मुंह आदि धोना

दिल्ली में गधे बहुत हैं

एक-बार दिल्ली में रात गए किसी मुशायरे या दा'वत से मिर्ज़ा ग़ालिब, मौलाना फ़ैज़-उल-हसन फ़ैज़ सहारनपुरी के साथ वापस आ रहे थे। रास्ते में एक पतली और अँधेरी गली से गुज़र रहे थे कि आगे वहीं एक गधा खड़ा था। मौलाना ने ये देखकर कहा-

"मिर्ज़ा साहिब, दिल्ली में गधे बहुत हैं।"

"नहीं हज़रत, बाहर से आ जाते हैं।"

मौलाना फ़ैज़ उल-हसन झेंप कर चुप गए।

न फंदा ही टूटा है न दम ही निकला है

उमराव सिंह जौहर, हरगोपाल 'तफ्ता' के ख़ास दोस्त थे। उनकी दूसरी बीवी के देहांत का की ख़बर तफ्ता ने मिर्ज़ा ग़ालिब को भी लिखी, तो उन्होंने जवाब में लिखा-

"उमराव सिंह के हाल पर उसके वास्ते मुझको रहम और अपने वास्ते जलन होती है। अल्लाह अल्लाह...! एक वो हैं कि दो बार उनकी बेड़ियाँ कट चुकी हैं और एक हम हैं कि पच्चास बरस से ऊपर फाँसी का फंदा गले में पड़ा है, न फंदा ही टूटता है न दम ही निकलता है।"

पहले गोरे की क़ैद में था अब काले की

जब मिर्ज़ा ग़ालिब क़ैद से छूट कर आए तो मियाँ काले साहिब के मकान में आकर रह रहे थे। एक दिन मियाँ काले साहब के पास बैठे थे कि किसी ने आकर क़ैद से छूटने की मुबारकबाद दी।

मिर्ज़ा ग़ालिब ने कहा-

"कौन क़ैद से छूटा है ! पहले गोरे की क़ैद में था, अब काले की क़ैद में हूँ।"

ख़ुदा के सपुर्द

ग़दर[1] के बाद मिर्ज़ा ग़ालिब की आर्थिक स्थिति दो साल तक उलट-पलट रही। आख़िर नवाब यूसुफ़ अली ख़ान रईस रामपुर ने सौ रुपया प्रतिमाह वज़ीफ़ा तय कर दिया। नवाब कल्बे अली ख़ान ने भी उस वज़ीफ़े को जारी रखा। नवाब यूसुफ़ अली ख़ान के देहांत के कुछ दिन बाद नवाब कल्बे अली ख़ां लेफ्टिनेंट गवर्नर से मिलने बरेली को रवाना हुए तो चलते वक़्त मिर्ज़ा ग़ालिब से कहने लगे-

"ख़ुदा के सपुर्द।"

मिर्ज़ा ग़ालिब ने कहा, "हज़रत ! ख़ुदा ने मुझे आपके सपुर्द किया है। आप फिर उल्टा मुझको ख़ुदा के सपुर्द कर रहे हैं।"

---

[1] 1857 ई० का प्रथम भारतीय स्वतंत्रता संग्राम

देखो साहब !

यह बातें हमको पसंद नहीं

एक बार मिर्ज़ा ग़ालिब ने एक दोस्त को दिसंबर 1858 ई० की आख़िरी तारीख़ों में ख़त भेजा। दोस्त ने जनवरी 1859 ई० की पहली या दूसरी तारीख़ को जवाब लिखा, मिर्ज़ा ग़ालिब उनको लिखते हैं-

“देखो साहब ! ये बातें हमको पसंद नहीं। 1858 ई० के ख़त का जवाब 1859 ई० में भेजते हो और मज़े की बात यह है कि जब तुमसे कहा जाएगा तो कहोगे कि मैंने दूसरे ही दिन जवाब लिखा था।”

मिर्ज़ा तुमने कितने रोज़े रखे ?

एक बार जब रमज़ान का महीना गुज़र चुका तो बादशाह बहादुर शाह ज़फ़र ने मिर्ज़ा ग़ालिब से पूछा-

"मिर्ज़ा... तुमने कितने रोज़े रखे ?"

मिर्ज़ा ग़ालिब ने जवाब दिया-

"पीर-ओ-मुर्शिद[1] एक नहीं रखा।"

[1] किसी प्रतिष्ठित व्यक्ति के लिए संबोधन का शब्द

शैतान ग़ालिब *

एक बार माह रमज़ान में मिर्ज़ा ग़ालिब नवाब हुसैन मिर्ज़ा के यहाँ गये और पान मंगाकर खाया। एक नमाज़ी, रोज़ेदार आदमी जो पास बैठे थे बहुत हैरान हुए और पूछा-

"हज़रत....! आप रोज़ा नहीं रखते ?"

मिर्ज़ा ग़ालिब ने मुस्कराकर कहा-

"शैतान ग़ालिब।"

*. ग़ालिब का एक अर्थ 'छाया हुआ भी है। यहाँ "शैतान ग़ालिब" का अर्थ है- ग़ालिब पर शैतान छाया हुआ या हावी है।

क्या आपसे बढ़कर भी कोई बला है

मिर्ज़ा ग़ालिब एक बार अपना घर बदलना चाहते थे। तो इस सिलसिले में कई घर देखे, जिसमे एक का ड्राइंगरूम मिर्ज़ा ग़ालिब को पसंद आया, मगर पूरा घर देखने का मौक़ा न मिल सका। घर आकर बेगम साहिबा को पूरा घर देखने के लिए भेजा। जब वो देखकर वापस आयीं तो बताया कि-

"उस हर में लोग बला बताते हैं।"

मिर्ज़ा ग़ालिब ये सुनकर बोले-

"क्या आपसे बढ़कर भी कोई और बला है।"

अपने जूतों की हिफाज़त

एक दिन जबकि सूर्यास्त हो रहा था, सय्यद सरदार मिर्ज़ा, मिर्ज़ा ग़ालिब से मिलने को आए। जब थोड़ी देर के बाद वो जाने लगे तो मिर्ज़ा ग़ालिब ख़ुद लालटेन लेकर फ़र्श के किनारे तक आए ताकि सय्यद साहिब अपना जूता रोशनी में देखकर पहन लें।

सय्यद साहब ने कहा-

"क़िबला[1] ! आपने क्यों तकलीफ़ फ़रमाई ? मैं जूता ख़ुद ही पहन लेता।"

मिर्ज़ा ग़ालिब बोले-

"मैं आपका जूता दिखाने को लालटेन नहीं लिया, बल्कि इसलिए लाया हूँ कि कहीं आप मेरा जूता न पहन जाएं।"

---

[1] प्रतिष्ठित और सम्मानित व्यक्तियों के लिए संबोधन का शब्द

तुमने मेरे पैर दाबे, मैंने पैसे

एक दिन मिर्ज़ा ग़ालिब के शागिर्द मीर मेहंदी मजरूह उनके घर आए। देखा कि मिर्ज़ा ग़ालिब पलंग पर पड़े कराह रहे हैं। ये उनके पाँव दाबने लगे।

मिर्ज़ा ग़ालिब ने कहा-

"भई तू सय्यद ज़ादा[1] है मुझे क्यों गुनहगार करता है ?"

मीर मेहंदी मजरूह न माने और कहा-

"आपको ऐसा लगता है तो पैर दाबने की मजदूरी दे दीजिएगा।"

मिर्ज़ा ग़ालिब ने कहा-

"हाँ इसमें कोई बुराई नहीं।"

जब वो पैर दाब चुके तो उन्होंने मज़ाक में मिर्ज़ा ग़ालिब से मज़दूरी मांगी।

मिर्ज़ा ग़ालिब ने कहा-

"भय्या कैसी मजदूरी ? तुमने मेरे पाँव दाबे, मैंने तुम्हारे पैसे दाबे, हिसाब बराबर हो गया।"

---

[1] सय्यद (मुसलामानों में उच्च जाति) की सन्तान

उल्लू को गाली देना भी नहीं आती

मिर्ज़ा ग़ालिब खाना खा रहे थे। डाकिया ने एक लिफ़ाफ़ा लाकर दिया। लिफ़ाफ़े का बेढंगापन और लिखने वाले के गुमनाम से उनको यक़ीन हो गया कि ये किसी विरोधी का वैसा ही गुमनाम ख़त है जैसे पहले आ चुके हैं। लिफ़ाफ़ा पास बैठे शागिर्द को दिया कि इसको खोल कर पढ़ो। सारा ख़त अश्लीलता और गाली से भरा हुआ था।

पूछा- "किसका ख़त है? और क्या लिखा है ?"

शागिर्द को यह बताने में झिझक हुई। फ़ौरन उसके हाथ से लिफ़ाफ़ा छीन कर ख़ुद पढ़ा। उसमें एक जगह माँ की गाली भी लिखी थी। मुस्कुराकर कहने लगे कि "उल्लू को गाली देनी भी नहीं आती। बुड्ढे या अधेड़ उम्र आदमी को माँ की नहीं, बेटी की गाली देते हैं ताकि उसको शर्म आए। जवान को जोरू की गाली देते हैं क्योंकि उसको जोरू से ज़्यादा ताल्लुक़ होता है। बच्चे को माँ की गाली देते हैं कि वो माँ के बराबर किसी से लगाव नहीं रखता। ये जो बहत्तर बरस के बुड्ढे को माँ की गाली देता है, उससे ज़्यादा कौन बेवक़ूफ़ होगा ?"

आँखें फूटें जो एक शब्द भी पढ़ा हो

मारहरा[1] की ख़ानक़ाह[2] के बुज़ुर्ग सय्यद साहब आलम ने मिर्ज़ा ग़ालिब को एक ख़त लिखा। उनकी लिखावट बहुत टूटी फूटी थी। जिसे पढ़ना बहुत मुश्किल काम था। ग़ालिब ने उन्हें जवाब दिया-

"पीर-ओ-मुर्शिद, आपका ख़त मिला, चूमा-चाटा, आँखों से लगाया, आँखें फूटें जो एक शब्द भी पढ़ा हो। तावीज़ बनाकर तकिये में रख लिया।"

माफ़ी का इच्छुक
ग़ालिब

---

[1] उत्तर प्रदेश के ऐटा जिले का एक नगर

[2] आश्रम, मठ

वो यही कोठरी है

मिर्ज़ा ग़ालिब जिस घर में रहते थे उस घर के दरवाज़े की छत पर एक कमरा था, उसी कमरे के एक तरफ़ एक तंग और अँधेरी कोठरी थी जिसमें हमेशा चटाई बिछी रहती थी। गर्मियों के मौसम में मिर्ज़ा ग़ालिब अकसर धूप से बचने के लिए इस कोठरी में शाम के तीन-चार बजे तक बैठा करते थे।

एक दिन रमज़ान के महीने में मिर्ज़ा ग़ालिब उसी कोठरी में किसी के साथ शतरंज खेल रहे थे कि अचानक से मुफ़्ती[1] सदरुद्दीन साहब मिर्ज़ा ग़ालिब से मिलने चले आए। मिर्ज़ा ग़ालिब को इस तरह रमज़ान के महीने में शतरंज खेलता देख कर मुफ़्ती साहब ने कहा –

“मिर्ज़ा साहिब हमने हदीस[2] में पढ़ा था कि रमज़ान के महीने में शैतान क़ैद हो जाता है, मगर आज इस हदीस पर शक़ हो रहा है। ”

मिर्ज़ा ग़ालिब ने फ़ौरन जवाब दिया-

“मुफ़्ती साहब...! हदीस बिलकुल सही है। मगर बात यह है कि जहाँ शैतान क़ैद रहता है वो यही कोठारी है।”

---

[1] क़ाज़ी, फ़तवा देने वाला

[2] पैग़म्बर मुहम्मद साहिब का कथन

रोज़ा बहलाना

एक बार नवाब अलाउद्दीन अहमद खां को अपने रोज़ा रखने का सबूत देते हुए मिर्ज़ा ग़ालिब यूँ लिखते हैं –

"धूप बहुत तेज़ है। रोज़ा रखता हूँ, मगर रोज़े को बहलाता रहता हूँ। कभी पानी पी लिया। कभी हुक्का पी लिया। कभी कोई रोटी का टुकड़ा खा लिया। यहाँ के लोग अजीब सोच रखते हैं। मैं तो रोज़ा बहलाता हूँ और यह साहब फरमाते हैं कि तू रोज़ा नहीं रखता। यह नहीं समझते कि रोज़ा रखना अलग चीज है। और रोज़ा बहलाना अलग बात बात है।"

आम मिर्ज़ा ग़ालिब की नज़र में

नवाब मुस्तफ़ा खां 'शेफ़्ता' कहते हैं कि –

एक बार किसी महफ़िल में आमों के विषय पर चर्चा चाल रही थी और हर कोई आम के सम्बंध में अपनी-अपनी राय दे रहा था। मिर्ज़ा ग़ालिब भी वहाँ पर थे।

मौलाना फज़ल-ए-हक खैराबादी ने पूछा-

"मिर्ज़ा साहब आपकी राय में आम कैसा होना चाहिए ? "

मिर्ज़ा ग़ालिब ने अपने ख़ास अंदाज़ में जवाब दिया-

"भई मेरे नजदीक तो आम में सिर्फ दो बातें होनी चाहिए। मीठा हो और बहुत हो। "

यह सुन कर सभी लोग बहुत खुश हुए।

शराबी की दुआ

एक बार का ज़िक्र है कि किसी ने मिर्ज़ा ग़ालिब के सामने शराब की बहुत बुराई की। मिर्ज़ा ग़ालिब दिल ही दिल में बर्दाश्त करते रहे और जब बर्दाशत न हो सका तो उन साहब से पूछा कि –

"आखिर शराब में ऐसी कौन सी बुराई है ?"

उन साहब ने जवाब दिया-

"पहली बुराई तो यह है कि शराबी की दुआ क़ुबूल नहीं होती।"

मिर्ज़ा ग़ालिब ने फ़ौरन कहा-

"जरा यह तो बताओ कि जिस के पास शराब हो, फिर उस कमबख्त को और कौन सी दुआ की ज़रुरत है।"

शेर का बच्चा

एक बार हरगोपाल 'तफ्ता' ने अपने कुछ शेर सुधार के लिए मिर्ज़ा ग़ालिब को भेजे तो मिर्ज़ा ग़ालिब ने यूँ जवाब दिया-

"तुम्हारी शायरी मजबूत हो गई है और सुधार की गुंजाइश नहीं रही। शेर अपने बच्चे को एक समय तक शिकार करना सिखाता है और जब वो जवाँ हो जाता है तो खुद ही घूम कर शिकार किया करता है।"

लानत है महामारी पर

मीर मेहंदी मजरूह ने पानीपत से मिर्ज़ा ग़ालिब से दिल्ली की महामारी के बारे में हाल जानने के लिए ख़त लिखा तो मिर्ज़ा ग़ालिब ने जवाब दिया-

“महामारी कहाँ थी जो मैं लिखूं कि अब कम है या जियादा। एक छियासठ साल का मर्द और चौंसठ साल की औरत इन दोनों में से एक भी मरता तो हम जानते कि हाँ महामारी आयी थी।”

“लानत है ऐसी महामारी पर”

ख़ुदा ने भी तो यही किया

मिर्ज़ा ग़ालिब ने अवध के राजा अमजद अली शाह की शान में एक क़सीदा[1] लिखा मगर यह क़सीदा अमजद अली शाह की नज़र से न गुज़रा और उनका देहांत हो गया। अब उन की जगह उनके बेटे वाजिद अली शाह राजा बने तो मिर्ज़ा ग़ालिब ने अमजद अली शाह की जगह वाजिद अली शाह का नाम उस क़सीदा में डाल दिया और कुछ बदलाव भी कर दिए।

इस बात को मिर्ज़ा ग़ालिब ने युसुफ़ मिर्ज़ा के ख़त में लतीफ़ा बनाकर यूँ लिखते हैं-

"यह क़सीदा अमजद अली शाह की नज़र से न गुज़रा था। मैंने इसी क़सीदा में अमजद अली शाह के जगह वाजिद अली शाह को बैठा दिया। ख़ुदा ने भी तो यही किया...."

---

[1] उर्दू शायरी की एक विधा जिसमें किसी महान व्यक्ति की प्रशंसा की जाती है,

गधे की लात

जब मिर्ज़ा ग़ालिब ने 'क़ाते-ए-बुरहान'[1] लिखी तो विरोधियों का सागर उमड़ पड़ा। हर तरफ़ से जवाब लिखे गए उन्ही जवाब वालों में से एक अमीनुद्दीन नामी भी थे जिन्होंने 'क़ाते-ए-बुरहान' के जवाब में 'क़ाते-ए-क़ाते' लिखी थी। 'क़ाते-ए-क़ाते' की बुनियाद अपशब्द और अश्लीलता पर रखी गई थी। लिहाज़ा मिर्ज़ा ग़ालिब ने उसका कोई जवाब भी न दिया और ख़ामोश बैठे रहे।

मिर्ज़ा ग़ालिब के साथियों में से किसी ने कहा-

"मिर्ज़ा साहिब आपने कोई जवाब नहीं दिया_?"

मिर्ज़ा ग़ालिब ने फरमाया-

"अगर कोई गधा आपके लात मार दे तो क्या आप जवाब देंगे_____?"

---

[1] एक फ़ारसी शब्दकोष का नाम

दस्तरख्वान यज़ीद व बयाजीद

एक दिन दोपहर का खाना घर से आया। दस्तरख्वान बिछा, बहुत से बर्तन थे, जिन में थोड़ा-थोड़ा सा खाना था। मिर्ज़ा ग़ालिब ने बैठे हुए लोगों से कहा-

"अगर बर्तनों की संख्या पर ध्यान दिया जिए तो मेरा दस्तरख्वान यज़ीद[1] का दस्तरख्वान जैसा लगता है और जो खाने की संख्या देखिये तो बायज़ीद[2] का_____।"

---

[1] एक ज़ालिम बादशाह।

[2] एक सूफ़ी संत

मिट्ठू बेटे

एक बार सर्दी के मौसम में तोते का पिजरा सामने रखा था। तोता सर्दी के मारे परों में अपना मुंह छिपाए चुप-चाप बैठा था।

मिर्ज़ा ग़ालिब ने तोते की इस हालत को देख कर कहा-

"मियाँ मिट्ठू........! न तुम्हारी जोरू न बच्चे.... तुम किस फ़िक्र में सर झुकाए बैठे हो______"

आँगन की मस्जिद

एक बार मिर्ज़ा ग़ालिब घर में जाने लगे तो देखा कि बेगम साहिबा मुसल्ला[1] बिछा कर आँगन में ही नमाज पढ़ रही हैं। मिर्ज़ा ग़ालिब यह देख कर दरवाज़े पर ही रुके रहे। जब वो नमाज पढ़ चुकी तो अपना जूता उतार कर सर पर रखा और नंगे पाँव हिचकिचाते, डरते, आहिस्ता-आहिस्ता आँगन तक आए। बेगम साहिबा ने जब यह देखा तो पूछा-

"यह क्या________"

मिर्ज़ा ग़ालिब ने जवाब दिया-

"कुछ नहीं आपके मुसल्ले की इज़्ज़त कर रहा हूँ"

बेगम साहिबा समझ न पाईं तो मिर्ज़ा ग़ालिब ने फ़रमाया-

"अब तुम्हारा आँगन तो मस्जिद हो गया है, अब कोई पैर रखे तो कहाँ रखे और करे तो क्या करे। इस लिए जूते उतार कर सर पर रख लिए।"

---

[1] नमाज़ पढ़ने के लिए बिछाए जाने वाला कपड़ा, चटाई।

नमाज़ें औरतें क्यूँ पढ़ती हैं

एक दिन किसी महफ़िल में नमाज़ की चर्चा हो रही थी, मिर्ज़ा ग़ालिब भी थे। मिर्ज़ा ग़ालिब ने कहा-

"क्यूँ साहब ! हम तो मर्द हैं। हमारा नमाज़ पढ़ना ठीक है। हम नमाज़ पढ़ते हैं तो इस लिए पढ़ते हैं कि हूरें मिलें, गल्मान[1] मिलें____ यह औरतें आख़िर क्यूँ नमाज़ पढ़ती हैं और इन्हें किस की तलाश है_________?"

---

1 स्वर्ग के बालक

हाँ.......... हूँ........

मिर्ज़ा ग़ालिब से जब दोस्तों और शागिर्दों ने कहा कि-

"अब आपको कम सुनाई देने लगा है। आप इसका इलाज क्यूँ नहीं करते____? "

मिर्ज़ा ग़ालिब ने जवाब दिया-

"दो वज़ह हैं। एक तो यह कि मैं ज़िन्दगी में ही जन्नती हो गया और दूसरी यह कि मरने के बाद जब कब्र में फ़रिश्ते मुझसे सवाल करेंगे तो मैं कम सुनाई के वज़ह से हाँ.... हूँ.... कर के टाल दूंगा____"

मुफ़्ती सदरुद्दीन खां

एक बार मिर्ज़ा ग़ालिब अपनी बहन खानम की बिमारी की ख़बर सुन कर उनसे मिलने गए और पूछा-

"क्या हाल है___?"

वो बोलीं-

"मरती हूँ, लेकिन क़र्ज़ की फ़िक्र है कि गर्दन पर लिए जाती हूँ___"

मिर्ज़ा ग़ालिब ने कहा-

"भला यह भी कोई फ़िक्र है___ ख़ुदा के यहाँ क्या मुफ़्ती सदरुद्दीन खां बैठे हैं, जो वारंट करके पकड़वा लेंगे__"

यह सुन कर बहन हँस दीं।

पछतावा और बदतमीज़ी

एक दिन दीवान अफ़ज़ल उल्लाह खां अलवरी मिर्ज़ा ग़ालिब के घर के सामने से मिर्ज़ा ग़ालिब से मिले बिना ही निकल गए। किसी ने मिर्ज़ा ग़ालिब से कहा कि दीवान अफ़ज़ल उल्लाह खां साहब इधर से अभी निकल कर गए हैं तो मिर्ज़ा ग़ालिब ने एक ख़त लिख कर हाथों-हाथ भेज दिया कि –

"आज मुझको इतना पछतावा हुआ कि शर्म के मारे ज़मीन पर गिरा जाता हूँ। इससे जियादा और क्या बदतमीजी हो सकती है कि आप कभी ना कभी तो इस तरफ से गुज़रे और मैं सलाम करने तक भी हाज़िर न हो सका__"

यह ख़त जब दीवान साहब को मिला तो वो बहुत शर्मिन्दा हुए और उसी वक़्त मिर्ज़ा ग़ालिब से मिलने चले आए।

ख़ुसरो और ग़ालिब

एक बार सिराजुद्दीन साहब ने, बादशाह बहादुर शाह ज़फ़र के दरबार में हज़रत निज़ामुद्दीन[1] और हज़रत अमीर ख़ुसरो[2] का ज़िक्र छेड़ दिया। मिर्ज़ा ग़ालिब भी हाज़िर थे फ़ौरन एक शेर बहादुर शाह ज़फ़र की ख़िदमत में पेश कर दिया-

मिले दो मुर्शिदों को क़ुदरत-ए-हक़ से हैं दो तालिब
निज़ाम-उद्दीन को ख़ुसरव सिराज-उद्दीन को ग़ालिब

---

[1] दिल्ली के एक सूफी संत

[2] हज़रत निजामुद्दीन के शागिर्द और महान शायर

एक मर्ग-ए-ना-गहानी

एक बार ख्वाज़ा ग़ुलाम गौस खां 'बेख़बर' दिल्ली आए तो मिर्ज़ा ग़ालिब से मुलाक़ात करने को पहुँचे। उन दिनों मिर्ज़ा ग़ालिब के बदन में फुंसी-फोड़े निकल रहे थे।
ख्वाज़ा साहब ने पूछा-

"हज़रत क्या हाल है____?"

मिर्ज़ा ग़ालिब ने फ़ौरन ही यह शेर पढ़ दिया-

हो चुकीं 'ग़ालिब' बलाएँ सब तमाम
एक मर्ग – ए – ना – गहानी और है

चील का घौंसला

आरिफ़ की मौत के बाद आरिफ़ के दोनों बेटों को मिर्ज़ा ग़ालिब ने अपने पास ही रख लिया था। इन बच्चों से मिर्ज़ा ग़ालिब को बहुत मुहब्बत थी। छोटे बेटे हुसैन अली एक दिन खेलते हुए आए और कहा-

"दादा जान पैसा दो"

मिर्ज़ा ग़ालिब ने कहा-

"मियाँ मेंरे पास इस वक़्त एक सिक्का भी नहीं है।"

हुसैन अली ताक पर से संदूक उठा लाए और उसे खोल कर कोना-कोना तलाश कर डाला मगर कुछ न मिला। यह देख कर मिर्ज़ा ग़ालिब ने कहा बेटा-

दिरम-ओ- दाम अपने पास कहाँ ?
चील के घोंसले में मॉस कहाँ ?

विलायत-ए-ग़ालिब

एक दिन मिर्ज़ा ग़ालिब बादशाह बहादुर शाह ज़फ़र के साथ बैठे थे। बहादुर शाह ज़फ़र ने फ़रमाया-

"मिर्ज़ा नौशा कोई नया कलाम सुनाओ___"

मिर्ज़ा ग़ालिब ने "यह न थी हमारी क़िस्मत" वाली ग़ज़ल सुनाई और जब आखरी शेर (मक़ता) पढ़ा-

ये मसाईल-ए-तसव्वुफ़ ये तिरा बयान 'ग़ालिब'
तुझे हम वली समझते जो न बादा- ख़्वार होता

तो बहादुर शाह ज़फ़र ने फ़रमाया-

"भई हम तो जब भी ऐसा न समझते"

मिर्ज़ा ग़ालिब बोले-

"हुज़ूर तो अब अभी ऐसा ही समझते हैं मगर यह इस लिए कहा गया है कि कहीं अपनी विलायत[1] पर मगरूर न हो जाऊँ ______"

---

[1] संयासी

आपको...... या...... अपने तईं

दिल्ली से कलकत्ता जाते हुए मिर्ज़ा ग़ालिब ने लखनऊ में बहुत दिन गुज़ारे थे। उसी दौरान एक महफ़िल में दिल्ली और लखनऊ की ज़बान के मुताल्लिक़ गुफ़्तगू छिड़ गई। एक साहब ने मिर्ज़ा ग़ालिब से कहा कि-

"दिल्ली वाले जिस मौक़े पर 'अपने तईं' बोलते हैं उस जगह लखनऊ वाले 'आपको' बोलते हैं। आपकी राय में 'आपको सही है ' या 'अपने तईं'___? "

मिर्ज़ा ग़ालिब ने गंभीरता से कहा-

"सही तो यही लगता है जो आप बोलते हैं। मगर इसमें एक उलझन यह है कि अगर आप मुझे यह कहें कि मैं आपकी तुलना फ़रिश्ते से करता हूँ और मैं इसके जवाब में अपनी तुलना यह करूँ कि मैं तो कुत्ते से भी बत्तर सझता हूँ तो बड़ी मुश्किल हो जायेगी। इसलिए मैं अपनी तुलना लिखूंगा और आप मुमकिन है कि अपनी तुलना समझ जाएँ_______ "

सारे लोग जवाब सुनकर फड़क गए।

मैं कपड़ा खाता था

हंगामा ग़दर 1857 ई० में जब दिल्ली में हर तरफ़ लूट-मार का बाज़ार गर्म था, मिर्ज़ा ग़ालिब की बेगम ने अपनी क़ीमती चीज़ें और ज़ेवरात ज़मीन में दफ़न कर दिए। जिसकी ख़बर सिपाहियों को लग गई और उन्होंने खोद कर सब कुछ निकाल लिया। अब यह हुआ कि मिर्ज़ा ग़ालिब को गरीबी ने घेर लिया और मिर्ज़ा ग़ालिब को कपड़े बेच-बेच कर गुज़ारा करना पड़ा।

उसी समय में मिर्ज़ा ग़ालिब एक ख़त में अपनी बदहाली पर तंज़ करते हुए लिखते हैं-

"इस ग़रीबी के समय में जितना भी कपड़ा, ओढ़ना, बिछोना घर में था सब बेच-बेच कर खा गया। जैसे लोग रोटी खाते थे और मैं कपड़ा खाता था______"

मकान के कागज़

एक बार एक साहब मिर्ज़ा ग़ालिब से मिलने आए- बैठे बातें करते रहे यहाँ तक कि सुबह से दोपहर हो गई और यह साहब उठने का नाम ही न लेते थे। मिर्ज़ा ग़ालिब उनके लिहाज़ में कुछ न कह सके। लेकिन जब बर्दाश्त न हो सकी तो अपने नौकर को बुला कर कहा-

"संदूक में से इस मकान के कागज़ निकाल कर आप को दे दो_____"

यह सुन कर साहब शर्मिंदा और परेशां होकर चले गए।

कंधा भी कहारों को बदलने नहीं देते

एक बार मुफ़्ती सदरुद्दीन खां पालकी में सवार हो कर अपने घर जा रहे थे। जल्दी में थे इस लिए कहारों[1] को कंधा बदलने के लिए भी मना कर दिया था। रस्ते में मिर्ज़ा ग़ालिब का घर था लेकिन जल्दी की वज़ह से मिर्ज़ा ग़ालिब के यहाँ भी रुक न सके और मिले बिना ही निकल गए। मिर्ज़ा ग़ालिब ने अचानक उन्हें निकलते देख लिया। फ़ौरन नौकर को बुला कर उसके हाथ एक ख़त में यह शेर लिखवा कर भिजवा दिया-

पीनस में गुजरते हैं जो कूचे से वो मेरे
कंधा भी कहारों को बदलने नहीं देते

मुफ़्ती साहब यह ख़त मिलते ही उलटे पाँव मिर्ज़ा ग़ालिब से मिलने आए।

---

[1] पालकी उठाने वाले

छतें चार घंटे बरसती हैं

मिर्ज़ा ग़ालिब अपने एक ख़त में नवाब अलाउद्दीन खां को अपने घर का हाल बताते हुए लिखते हैं-

"मियाँ मैं बड़ी मुसीबत में हूँ, घर की दीवारें गिर गईं हैं___ छतें टपक रही हैं_______पाखाना ढेय गया है___ छतें टपक रही हैं___ छत छलनी हैं। बारिश दो घंटे बरसे तो छत चार घंटे बरसती हैं।"

स्त्रीलिंग और पुल्लिंग

दिल्ली में 'रथ' को कुछ लोग स्त्रीलिंग व कुछ लोग पुल्लिंग बोलते हैं। किसी ने मिर्ज़ा ग़ालिब से पूछा –

"रथ स्त्रीलिंग है या पुल्लिंग____?"

मिर्ज़ा ग़ालिब ने जवाब दिया-

"जब रथ पर औरत बैठी हो तो स्त्रीलिंग कह दो और जब मर्द बैठा हो तो पुल्लिंग समझो।"

एक और जूती लगी

मिर्ज़ा कुर्बान अली बैग खां के नाम एक ख़त में मिर्ज़ा ग़ालिब अपने आप पर 'तंज़' करते हुए लिखते हैं-

"यहाँ ख़ुदा से भी उम्मीद नहीं रही, इंसान का क्या ज़िक्र करें, कुछ बन नहीं आती। अपने आप का तमाशाई बन गया हूँ_____जो दुःख मुझे पहुँचता है कहता हूँ कि लो ग़ालिब के एक और जूती लगी। बड़ा इतराता था कि मैं बड़ा शायर और फारसी का जानकार हूँ। आज दूर-दूर तक मेरा जवाब नहीं। ले..... अब कर्ज़दारों को जवाब दे। सच तो यूँ है कि ग़ालिब क्या मरा, बड़ा नास्तिक मरा, बड़ा काफ़िर मरा। "

छेड़-छाड़ की बातें करो

मीर सरफ़राज़ हुसैन को लिखे एक ख़त में मिर्ज़ा ग़ालिब अपने दुखड़े बड़े मज़े से बयान करते हुए लिखते हैं-

"अल्लाह.... अल्लाह....अल्लाह.... हज़ारों का मैं मातमदार हूँ, मैं मारूंगा तो मुझको कौन रोयगा।

सुनो ग़ालिब ! रोना-पीटना क्या___ कुछ छेड़-छाड़ की बातें करो"

मेरा रंग चम्पई

मिर्ज़ा ग़ालिब की जो तस्वीरें हम तक पहुंची हैं वो सिर्फ़ बुढ़ापे की ही तस्वीरें हैं। ग़ालिब जवानी में कैसे कैसे थे ? क्या रंग रूप था ? इसका अंदाज़ा ग़ालिब के ही एक ख़त से लगाया जा सकता है। अपनी जवानी को याद करते हुए मिर्ज़ा ग़ालिब लिखते हैं-

“जब मैं जवान था तो मेरा रंग चम्पई था और लोग आँख भर के मुझे देखा करते थे। लेकिन अब कभी वो वक़्त याद आता है तो छाती पर साँप लौट जाते हैं।”

चींटी के अंडे

मिर्ज़ा हातिम अली महर को लिखे एक ख़त में मिर्ज़ा ग़ालिब अपने बुढापे का हाल बहुत ईमानदारी से बयान करते हुए लिखते हैं-

"जब दाढ़ी- मूँछो में सफ़ेद बाल आ गए, तीसरे दिन चींटी के अंडे गालों पर नज़र नज़र आने लगे। इससे बढ़कर यह हुआ कि आगे के दो दांत टूट गए। मजबूरन मंजन करना भी छोड़ दिया और दाढ़ी भी____ "

एक आना देना था

एक दिन मिर्ज़ा ग़ालिब किसी से मिल कर नवाब मुस्तफ़ा खां शेफ़्ता के मकान पर आए। नवाब शेफ़्ता ने कहा-

"आप घर से सीधे यहाँ आएं हैं या कहीं और भी जाना हुआ था_____?"

मिर्ज़ा ग़ालिब ने खूब जवाब दिया-

"मुझे उनका एक आना देना था, इस लिए पहले वहाँ गया था और वहाँ से यहाँ आया हूँ।"

फाक़ा मस्ती

मिर्ज़ा ग़ालिब में फुजूलखर्ची जियादा थी इस लिए क़र्ज़े में रहते थे। क़र्ज़ को अदा न करने की वज़ह से आप पर मुक़दमा चलाया गया। मिर्ज़ा ग़ालिब मुफ़्ती सदरुद्दीन खां की अदालत में पेश हुए और फरमाया-

क़र्ज़ की पीते थे मय लेकिन समझते थे कि हाँ
रंग लावेगी हमारी फ़ाक़ा - मस्ती एक दिन

मुफ़्ती सदरुद्दीन खां जब यह शेर सूना तो शेर की दाद दी।मिर्ज़ा ग़ालिब के नाम डिग्री दे दी लेकिन ग़ालिब का क़र्ज़ अपनी ज़ेब से चुका भी दिया।

हम-साया-ए-ख़ुदा

मिर्ज़ा ग़ालिब अपने आखरी दिनों में हकीम महमूद खां के घर के पास मस्जिद के पीछे आकर रहने लगे थे। एक दिन किसी साहब ने एक महफ़िल में मिर्ज़ा ग़ालिब से पूछा-

"मिर्ज़ा आपका घर कहाँ हैं___?"

मिर्ज़ा ग़ालिब ने यह शेर पढ़ा-

मस्जिद के ज़ेर-ए-साया इक घर बना लिया है
ये बंदा -ए- कमीना हम - साया - ए -ख़ुदा है

हश्र

एक बार मगफिरत[1] की कुछ बात चल रही थी तो मिर्ज़ा ग़ालिब की बेगम साहिबा ने फ़रमाया-

"आप तो कभी नामज़ नहीं पढ़ते और रोज़ा तो खैर बड़ी बात है___"

मिर्ज़ा ग़ालिब ने तंज करते हुए जवाब दिया-

"खैर यह तो ठीक है मगर तुमसे हमारा हश्र[2] अच्छा ही होगा___"

बेगम साहिबा ने पूछा-

"ऐसा क्यूँ____"

इस पर मिर्ज़ा ग़ालिब ने कहा-

"आप तो उन ही तहमद वालों के साथ होंगी जिन के तहमद के पल्ले में मिस्वाक[3] बंधी होगी, हाथ में एक टोटीदार बधनी, सर मुंडे हुए होंगे। और हमारा हश्र____ बड़े-बड़े

---

[1] मरने के बाद मुक्ति, पाप की क्षमा

[2] मुसलमानों और ईसाइयों आदि के मतानुसार वह अंतिम दिन जब सभी मृत व्यक्ति कब्रों से निकलकर ख़ुदा के सामने उपस्थित होंगे और वहाँ उनके कर्मों का हिसाब होगा।

[3] दांत साफ़ करने की लकड़ी

खानदान के बादशाहों के साथ होगा जैसे- फिरोन, नमरूद, शद्दाद[1] और हम मूंछे चढ़ाते, अकड़ते हुए चले जा रहे होंगे। चार फ़रिश्ते इधर होंगे चार उधर होंगे___ ”

---

[1] फिरोन, नमरूद, शद्दाद यह तीनों बादशाह क्रूर ज़ालिम थे।

9 798889 598916

Printed by Libri Plureos GmbH in Hamburg,
Germany